Bibliografische Information der Deutschen Nationalbibliothek:

Die Deutsche Bibliothek verzeichnet diese Publikation in der Deutschen National-
bibliografie; detaillierte bibliografische Daten sind im Internet über http://dnb.d-
nb.de/ abrufbar.

Impressum:

Copyright © 2016 GRIN Verlag
Druck und Bindung: Books on Demand GmbH, Norderstedt Germany
ISBN: 9783668839625

Dieses Buch bei GRIN:

https://www.grin.com/document/448966

Andreas Markstädter

Internetkriminalität. Formen Beispiele und Schutzmaß-nahmen

GRIN Verlag

GRIN - Your knowledge has value

Der GRIN Verlag publiziert seit 1998 wissenschaftliche Arbeiten von Studenten, Hochschullehrern und anderen Akademikern als eBook und gedrucktes Buch. Die Verlagswebsite www.grin.com ist die ideale Plattform zur Veröffentlichung von Hausarbeiten, Abschlussarbeiten, wissenschaftlichen Aufsätzen, Dissertationen und Fachbüchern.

Besuchen Sie uns im Internet:

http://www.grin.com/

http://www.facebook.com/grincom

http://www.twitter.com/grin_com

FOM Hochschule für Oekonomie & Management Essen

Studienzentrum Stuttgart

Berufsbegleitender Studiengang

Master of Science IT-Management

2. Semester

Interdisziplinäre Aspekte der Wirtschaftsinformatik

Thema der Arbeit: Internetkriminalität - Formen, Beispiele und Schutzmaßnahmen

Autor: Andreas Markstädter

Abgabedatum: 31.07.2016

Inhaltsverzeichnis

Abbildungsverzeichnis

Abkürzungen

AES - Advanced Encryption Standard (Blockchiffre)

DNS - Domain Name System

RSA - Rivest, Shamir und Adleman (Asymmetrisches kryptographisches Verfahren zum Verschlüsseln und digitalen Signieren)

URL - Uniform Ressource Locator

1 Einführung

1.1 Problemstellung

Eine Befragung der DIW Berlin ergab, dass rund 72% der deutschen Einwohner das Internet täglich und wenn nicht täglich, dann mindestens mehrfach in der Woche oder im Monat nutzen. Diese Umfrage verdeutlicht, dass der Gebrauch für einen Großteil der Bevölkerung in Deutschland alltäglich stattfindet und unverzichtbar geworden ist. Durch diesen gestiegenen Stellenwert ist auch die zunehmende Bedeutung des Internets als Kriminalitätsfeld erkennbar.[1]

Die Internetkriminalität wird in Deutschland im Bundeslagebild vom Bundeskriminalamt festgehalten. Mit dem Bundeslagebild soll über die Entwicklung der Internetkriminalität im engeren Sinne im jeweils betrachteten Zeitraum informiert und das Gefahren- / Schadenspotenzial und die damit einhergehende Bedeutung dieser Bedrohungen aufgedeckt werden. Im Bundeslagebild 2014 wurden 49925 Straftaten registriert, die wie in Abbildung 1 dargestellt, noch in die fünf Unterkategorien aufgeteilt werden.[2]

Abbildung 1: Internetkriminalität in Zahlen[3]

Diese 49925 registrierten Kriminaldelikte verursachten im Jahr 2014 einen Schaden in Höhe von 39,4 Mio. Euro. Allerdings ist bei Internetkriminalitätsfällen von einem sehr

---

[1] Vgl. Rieckmann, J. u.a. (2015), S. 295.

[2] Vgl. Bundeskriminalamt (2014), S. 3.

[3] Eigene Abbildung nach: Bundeskriminalamt (2014), S. 4.

großen Dunkelfeld auszugehen. Was bedeutet, dass nur ein sehr kleiner Teil der begangenen Straftaten von den Opfern tatsächlich zur Anzeige gebracht wurde und somit auch nicht in das Bundeslagebild aufgenommen wird. Ergänzend zu der nicht erstatteten Anzeige kommt hinzu, dass viele der Straftaten nicht erkannt werden, da eine Infektion des Systems nicht wahrgenommen wird.[4]

Um eine genauere Einschätzung zur Größe des Dunkelfelds tätigen zu können, wurde vom Deutschen Institut für Wirtschaftsforschung eine Dunkelfeldstudie durchgeführt, bei der 11877 Befragte zu ihren Erfahrungen und ihrer Wahrnehmung zu Internetkriminalität befragt wurden. Das Ergebnis dieser repräsentativen Studie sagt aus, dass 2580 der befragten Personen und somit jeder fünfte bereits Opfer von Internetkriminalität waren. Eine Hochrechnung für Deutschland ergibt eine Opferanzahl von 14,7 Mio. jährlichen Fällen, die einen monetären Schaden von 3,4 Milliarden Euro jährlich verursachen. 3,4 Milliarden Euro entsprechen 0,1% des Deutschen Bruttoinlandprodukts[5]

Diese Zahlen machen deutlich, warum die moderne Informationstechnologie einen wesentlichen Treiber bei der Entwicklung von neuen Formen von Kriminalität darstellt. Zusätzlich erschwert die immer steigende Komplexität von modernen Informationstechnologien selbst den Experten, den Überblick über die aktuellen Entwicklungen Stand zu halten.[6]

Doch wie kann trotz der enormen Bedrohungslage der Schutz vor Internetkriminalität gewährleistet werden und was ist im Detail unter Internetkriminalität zu verstehen?

1.2 Zielsetzung

Zielsetzung dieser Arbeit, ist es dem Leser zu vermitteln, was unter Internetkriminalität zu verstehen ist, welche Angriffsformen zum Begehen einer Straftat im Internet verwendet werden und wie diese Angriffsformen auf die Systeme ihrer Opfer gelangen und sich verbreiten. Des Weiteren gilt es den Leser darüber zu informieren, wie er sich vor Attacken schützen und wie der Schaden nach Befall eines Systems monetär begrenzt werden kann.

---

[4] Vgl. Bundeskriminalamt (2014), S. 4f.

[5] Vgl. Rieckmann, J. u.a. (2015), S. 295ff.

[6] Vgl. Brodowski, D. u.a. (2011), S. 11.

1.3 Vorgehensweise

Zunächst wird in Kapitel 2 definiert, was unter dem Begriff Internetkriminalität zu verstehen ist und wie dieser aufgeteilt wird. Im weiteren Verlauf von Kapitel 2 werden die verschiedenen Angriffsformen und ihre Verbreitungswege erläutert. Kapitel 3 enthält Beispielangriffe zu drei in Kapitel 2 beschriebenen Angriffsformen. In Kapitel 4 werden Schutzmaßnahmen genannt, die potentielle Opfer vor dem Befall ihrer Systeme schützen. Zum Schluss wird in Kapitel 5 ein Fazit zu den Inhalten dieser Arbeit gezogen.

2 Internetkriminalität

Von Internetkriminalität wird gesprochen, wenn moderne Informations- und Kommunikationstechniken zur Ausübung einer Straftat missbraucht oder wenn die modernen Techniken selbst Ziel eines Angriffes werden. Dabei wird in der Internetkriminalität in die drei folgenden Straftaten-Kategorien unterschieden:[7]

- Bei der ersten Straftaten-Kategorie sind Elemente der EDV in den Tatbestandsmerkmalen der Straftat enthalten. Straftaten dieser Kategorie werden auch als Computerkriminalität bezeichnet.

- Die zweite Kategorie enthält Straftaten, bei denen Planung, Vorbereitung oder Ausführung einer Straftat mit Hilfe des Internets ausgeführt wurden.

- In die letzte Kategorie fallen alle Straftaten, die eine Bedrohung für die Informationstechnik darstellen. Darunter sind widerrechtliche Handlungen zu verstehen, welche die Integrität, Verfügbarkeit und Authentizität einer IT-Infrastruktur bedrohen.

Die Computerkriminalität, zu der die erste Straftaten-Kategorie gehört, wird weiter aufgeteilt in Computerkriminalität im engeren Sinne und Computerkriminalität im weiteren Sinne. In die Computerkriminalität im engeren Sinne lassen sich beispielsweise die Delikte Ausspähen und Abfangen von Daten, Computerbetrug, Datenveränderung oder Computersabotage einordnen. Zur Computerkriminalität im weitesten Sinne zählen all die Straften, die unter Einsatz oder Unterstützung von Informations- und Kommunikationsmedien ausgeübt wurden. Dabei kann es sich beispielsweise um die Delikte Erpressung,

---

[7] Vgl. Bundeskriminalamt (2016)

Beleidigung, Betrug, Bilanzfälschung oder auch die Verbreitung von kinderpornografischen Inhalten handeln.[8]

2.1 Angriffsformen

Der Anti-Virus-Software-Hersteller Avira bietet auf seiner Webseite eine Sektion mit einem Viren-Glossar. Dieses Viren-Glossar enthält eine Auflistung mit sehr vielen Definitionen zu Angriffsformen und macht sehr schnell deutlich, dass es eine sehr große Anzahl von möglichen Angriffsformen zur Ausübung einer Straftat gibt.[9] Da eine Beschreibung aller Angriffsformen im Zuge der Seminararbeit nicht realisierbar ist, werden im Rahmen des Kapitels 2 nur ein Teil der im Cybercrime – Bundeslagebild 2014-Berichts erwähnten und teilweise verwandte Angriffsformen näher erläutert.

2.1.1 Phishing

Unter Phishing ist eine Form des Datendiebstahls zu verstehen, bei der versucht wird an die vertraulichen Daten der Opfer zu gelangen. Zielgruppe von Phishing-Attacken sind beispielsweise Kunden von Geldinstituten, Online-Banking-Anbietern oder auch Behörden.[10]

Zur Ausübung einer Phishing-Attacke wird vom Phisher eine gefälschte Webseite erstellt, die der Webseite eines bekannten und vertrauenswürdigen Unternehmens ähnelt. Nach der Fertigstellung der Webseite generiert der Phisher eine E-Mail oder eine Instant-Messenger-Benachrichtigung, in welcher das Phishing-Opfer aufgefordert wird vertrauliche Daten auf einer Webseite, auf die im Text verlinkt wird, oder direkt in das Formular der E-Mail einzugeben. Bei den abgefragten Daten handelt es sich beispielsweise um die Kreditkartendaten, Kontodaten, Kennwörter, Daten für das Onlinebanking oder E-Mail-Kontodaten. Die Verlinkung in der Phishing-Nachricht weicht in den meisten Fällen von der Originalwebseite ab, sie kann aber auch auf die Originalwebseite verlinken. Zur Fälschung der URL werden beispielsweise Methoden des Social Engineering verwendet oder Browser-Schwachstellen ausgenutzt. Beim Social Engineering werden unter anderem austauschbare Buchstaben in die verlinkte Adresse hinzugefügt, um eine Ähnlichkeit

---

[8] Vgl. Geschonnek, A (2011), S. 26ff.

[9] Vgl. Avira (2016

[10] Vgl. Aviral (2016)

zur Originaladresse herzustellen. Wenn Browser-Schwachstellen ausgenutzt werden, wird beim Aufruf der Adresse ein Skript ausgeführt mit dem die Adresse der Original-webseite angezeigt wird, aber der Inhalt der Webseite vom Server des Phishers stammt. An die E-Mail-Adresse seiner Opfer gelangt der Phisher über E-Mail-Datenbanken oder durch Einsatz von Adressengeneratoren.[11]

2.1.2 Pharming

Eine weitere Form des Internet-Betrugs ist das sogenannte Pharming, welches eine enge Verwandtschaft zum Phishing aufweist. Wie beim Phishing werden auch beim Pharming betroffene User auf eine betrügerische Webseite weitergeleitet und zur Eingabe von ver-traulichen Daten aufgefordert. Allerdings werden die Pharming-Opfer im Gegensatz zu Phishing nicht durch betrügerische Mails und durch manuelles Anklicken der Verlinkun-gen auf die betrügerischen Webseiten gelockt. Der User gelangt durch normales Surfen auf die infizierte Webseite auch dann, wenn er die korrekte Internetadresse eingegeben hat.[12]

Ermöglicht wird das Pharming durch das Ausnutzen der Grundlagen des Surfens im In-ternet. Beim Surfen im Internet wird eine im Browser eingegebene Internetadresse, wie z.B. www.fom.de, erst durch einen DNS-Server in eine IP-Adresse umgewandelt, bevor eine Verbindung zu der Internetadresse aufgebaut werden kann. Das Pharming setzt bei diesem notwendigen Umwandlungsschritt beim DNS-Server an, in dem es versucht den DNS-Server zu infizieren und die Einstellungen des DNS-Servers so anzupassen, dass die User nicht mehr auf die Originalwebseite, sondern auf die gefälschte und infizierte Webseite weitergeleitet werden. Bei der Pharming-Weiterleitungen können zusätzlich zum Datendiebstahl auch Viren und Trojaner auf den Computer des Opfers installiert werden. Besonders gefährlich an Pharming ist, dass auch User deren Computer keinerlei Schadsoftware enthalten Opfer von Pharming werden können, wenn eine Infizierung ei-nes DNS-Servers erfolgt. Dabei hilft es auch nicht, wenn die gewünscht Webseite durch manuelle Eingabe oder durch Verwendung eines selbst angelegten Lesezeichens aufge-rufen wird, da eine Verbindungsanfrage erst nach dem Umwandeln in eine IP-Adresse zustande kommt.[13]

---

[11] Ebd.

[12] Vgl. Norton (2016).

[13] Vgl. Kaspersky (2016).

2.1.3 Bots und Botnetze

Bot ist die Kurzform des Wortes „Robot" und zählt in der Computerkriminalität zu den Crimware-Programmen. Die Funktionalitäten eines Bots ähneln denen eines Wurms oder eines Trojaners, allerdings können mit Bots anders als bei einem Wurm oder Trojaner eine Vielzahl von automatisierten Aktivitäten vom Besitzer des Bots ausgeführt werden.[14] Mit einem Bot kann ein System beispielsweise durch das Anklicken eines infizierten E-Mail-Anhangs befallen werden. Sicherheitslücken in den Systemen der Anwender - beispielsweise im Browser, in einem Browserplugin oder auch im Betriebssystem selbst - können ebenfalls dazu genutzt werden, um das System des Anwenders mit einem Bot zu infizieren. Eine weitere Art der Infizierung eines Systems wird von den Kriminellen auf sozialen Netzwerken durchgeführt. Hier werden den betroffenen Nachrichten mit infizierten Links zugesendet. Klickt der Betroffene aufgrund des Freundschaftsverhältnisses den Link an, wird sein System mit dem Bot infiziert. Unabhängig davon wie das Opfer mit dem Bot infiziert wurde, findet die Installation des Bots für den Betroffenen unbemerkt statt und ermöglicht dem Täter in der Folge vollen Zugriff auf das System des Opfers.[15] Wurde das betroffene System infiziert, kann mit den Funktionalitäten des Bots beispielsweise Informationsdiebstahl oder auch Online-Banking-Betrug begangen werden. Zusätzlich dazu werden mit Bots Angriffe auf die Verfügbarkeit von anderen Computersystemen ausgeführt und Spammails versendet.[16]

Die genannten Straftaten führt ein Bot allerdings nicht alleine aus, sondern gehört zu einem Botnetz. Ein Botnetz setzt sich aus einer großen Anzahl von infizierten Systemen aus aller Welt zusammen und reicht dabei von hundert bis hin zu hunderttausenden von infizierten Systemen. Gesteuert werden die Bots über einen Hauptcomputer, der Command-and-Control-Server genannt wird. Über diesen Server kann der Internetkriminelle seine im Botnetz befindlichen Bots verwalten und diesen Befehle erteilen.[17]

---

[14] Vgl. Norton1 (2016).

[15] Vgl. Bundeskriminalamt (2014), S. 7f.

[16] Vgl. Bundesamt für Sicherheit in der Informationstechnik (2015), S. 30.

[17] Vgl. Norton1 (2016).

2.1.4 Distributed Denial of Service

Unter Distributed Denial of Service, im weiteren Verlauf nur noch als DDoS bezeichnet, sind Angriffe auf Webseiten oder Internetdienste zu verstehen. Ziel dieser Attacken ist es die Webserver, auf denen sich die Webseiten und Internetdienste befinden, zusammenbrechen zu lassen. Realisiert wird eine solche DDoS-Attacke dadurch, indem über einen längeren Zeitraum eine hohe Anzahl an Clients gleichzeitig auf den Webserver zugreift. Zwar sind die Webserver auf eine Verarbeitung von hunderttausenden Anfragen ausgelegt, allerdings können diese dennoch zusammenbrechen, wenn die Zugriffe über einen längeren Zeitraum stattfinden. Dies führt dazu, dass die Webseite bzw. der Internetdienst nicht mehr aufgerufen werden können.[18]

Da zum Zusammenbruch eines Webservers ein einzelner User nicht ausreicht, werden zur effektiven Ausführung von DDoS-Attacken Botnetze verwendet. Daher besteht zwischen einem Botnetz und einer DDoS-Attacke eine enge Verknüpfung, aus der sich für die Internetkriminellen ein neues Geschäftsmodell entwickelt hat. Dieses Geschäftsmodell sieht vor, dass ein Botnetz vermietet werden kann und dann zur Durchführung einer DDoS-Attacke verwendet wird.[19]

2.1.5 Schadprogramme allgemein

Als Schadprogramme werden Computerprogrammanwendungen bezeichnet, die unerwünschte bzw. schädliche Funktionen auf den infizierten Systemen ausführen. Weiterhin sind Schadprogramme auch unter den Begriffen Schadsoftware bzw. Malware bekannt. Zu den Schadprogrammen gehören viele unterschiedliche Arten von Computerprogrammen, welche teilweise aus mehreren Komponenten mit unterschiedlichen Funktionalitäten bestehen, die wiederum andere Funktionen nachladen können. Die Verbreitung solcher Schadsoftware findet zumeist durch Anklicken infizierter E-Mail-Anhänge oder beim Besuch von infizierten Webseiten statt, wobei die Schadsoftware unbemerkt auf dem System des Opfers installiert.[20]

---

[18] Vgl. Williams, E. (2015), S. 8.

[19] Vgl. Bundeskriminalamt (2014), S. 9.

[20] Vgl. Bundesamt für Sicherheit in der Informationstechnik (2015), S. 22.

Die Schadprogramme können dabei in die Kategorien Viren, Würmer, Trojanisches Pferd, Backdoor, Spyware, Scareware und Ransomware unterschieden werden. Nachfolgend werden alle genannten Schadprogramme, bis auf Ransomware, das in Kapitel 2.1.6 im Detail erläutert wird, kurz vorgestellt.

Viren sind Schadprogramme, die sich hinter einem ausführbaren Programm, dem Wirten, verbergen und ihren schadhaften Viruscode erst ausführen, wenn das Wirtsprogramm ausgeführt wurde. Viren können sich selbst replizieren und werden eingesetzt, um Daten auf dem System der Opfer zu löschen oder zu stehlen.

Würmer agieren ähnlich wie Viren, benötigen allerdings nach der Infektion auf dem betroffenen System keine Wirtsdatei, um die schädlichen Funktionen auszuführen.

Bei den trojanischen Pferden handelt es sich um Schadprogramme, die als nützliche Programme getarnt sind. Die schädlichen Aktivitäten werden ähnlich wie bei Viren ebenfalls erst ausgelöst, wenn das Programm ausgeführt wurde. Während der Ausführung kann ein trojanisches Pferd beispielsweise die Installation eines Backdoor- oder Spyware-Programms vornehmen.

Backdoor verschaffen dem Internetkriminellen einen versteckt Zugang auf das System des Opfers. Die Infizierung eines Systems mit einem Backdoor findet zumeist mittels Trojaner oder eines Virus statt.

Spyware wird dazu genutzt sensible Informationen auf dem System des Betroffenen zu sammeln und diese an Dritte weiterzuleiten. Zu Spyware zählen beispielsweise Keylogger, welche die Eingabe des Benutzers abspeichern oder auch Programme, die in regelmäßigen Abständen Bildschirmaufzeichnungen aufnehmen.

Bei Scareware wird mit falschen Meldungen zu vermeintlichen Systemunsicherheiten oder anderen Gefahren versucht das Opfer zu verunsichern und damit zum Kauf eines angeblichen Problembeseitigers zu verleiten.[21]

2.1.6 Ransomware

Bei Ransomware handelt es sich um ein Schadprogramm, das den Zugriff auf das infizierte System und dessen Daten einschränkt oder sogar verhindert. Zur Freigabe des Systems verlangen die Internetkriminellen eine Lösegeldzahlung von ihren Opfern. Als Zahlungsmittel werden Guthaben- und Bezahlkarten oder auch Bitcoins verlangt. Diese

---

[21] Vgl. MW (2013).

Arten von Zahlungsmitteln haben für den Internetkriminellen den Vorteil, dass es zu einem direkten Geldtransfer kommt und kein Mittelsmann benötigt wird, um den Ransomwareangriff zu Geld zu machen. Bei den Ransomware-Angriffen wird zwischen verschiedenen Varianten unterschieden. Bei den einfachen Ransomware-Varianten wird beispielsweise ein Sperrbildschirm angezeigt und die Nutzung des Systems verhindert. Auf dem Sperrbildschirm befindet sich ein Hinweis, dass das System aufgrund von polizeilichen oder staatlichen Ermittlungen gesperrt wurde und erst wieder freigegeben wird, sobald das Bußgeld überwiesen wird. Die neuesten Varianten verschlüsseln die Daten auf dem System und sind auch nach Bereinigung des Schadprogramms nicht mehr verwendbar. Zusätzlich zu den Daten auf dem System werden auch befindliche Daten auf Cloud-Diensten oder angebunden Netzlaufwerke verschlüsselt. Eine Entschlüsselung der Daten ist nicht möglich, da für die Verschlüsselung ein als sicher anzusehender Algorithmus verwendet wird. Verbreitet wird die Schadsoftware als Anhang in Spammails, die durch Social Engineering professionalisiert werden. Einen weiteren Verbreitungsweg findet die Schadsoftware durch die Ausnutzung von Schwachstellen in weit verbreiteten Programmen, auf kompromittierte Webseite oder auf Bannern von Webseiten. Auch ungeschützte Fernwartungszugänge können in Kombination mit Brute-Force-Attacken auf das Passwort für den Remote-Zugriff als Verbreitungsweg für die Schadsoftware verwendet werden.[22]

3 Beispiele zu Angriffsformen

Die im folgenden Kapitel beschriebenen Beispielangriffe stellen aktuelle Fälle von Internetkriminalität dar. Aufgezeigt werden die in Kapitel 2 beschriebenen Angriffsformen DDoS, Phishing und Ransomware.

3.1 DDoS Pokémon Go

Ein neues und populäres Opfer für eine DDoS-Attacke ist das Spiel Pokémon Go von Hersteller Niantic. Am 16.7. wurde das Spiel Opfer einer DDoS-Attacke von der Hacker-Gruppe PoodleCorp. Dieser Angriff hatte zur Folge, dass die Server von Pokémon Go

---

[22] Vgl. Bundesamt für Sicherheit in der Informationstechnik (2016), S. 5ff.

zusammenbrachen und Spieler beim Anmeldeversuch nicht über den, in Abbildung 2 dargestellten, Ladebildschirm hinaus kamen.[23]

Abbildung 2: Ladebildschirm Pokémon Go[24]

Zunächst wurde vermutet, dass die Server-Downtime damit zusammenhängt, dass das Spiel in 26 weiteren Ländern eingeführt wurde und die damit gestiegene Spieleranzahl für die Downtime verantwortlich sei. Doch schon nach kurzer Zeit zeigte sich die genannte Hacke-Gruppe für den Ausfall der Server verantwortlich. Außerdem ließ die Hackergruppe von sich verlauten, dass es sich bei den Angriffen vom 16.7.2016 nur um einen Test gehandelt habe und das eine deutliche größere Aktion gegen das Spiel geplant sei.[25]

---

[23] Vgl. Hothardware (2016).

[24] Abbildung entnommen aus: Hothardware (2016).

[25] Vgl. Giga (2016).

3.2 Ransomware Locky

Seit Februar 2016 befindet sich der Erpressungs-Trojaner „Locky" im Umlauf und erpresst von seinen Opfern Beträge im Wert von mindestens 300 Euro. Die Folge einer Infizierung mit Locky ist die Verschlüsselung von über 150 Dateiformaten auf den Systemen der Opfer. Zu diesen Formaten gehören dabei unter anderem Office-Dateien, Datenbanken, unterschiedliche Medienformate, Archive und Quellcodes. Vermutungen lassen darauf schließen, dass Locky sich vor der Aktivierung des Verschlüsselungsvorgangs bereits eine geraume Zeit unbemerkt auf dem System der Opfer befunden hat und dann gleichzeitig zentral auf allen betroffenen Systemen aktiviert wurde, nachdem ausreichend Systeme mit der Schadsoftware infiziert waren.[26]

Nach der Aktivierung von Locky wird der Verschlüsselungsvorgang ausgelöst und damit alle Dateien, die zu den 150 Dateiformaten gehören, mit RSA 2048 Schlüssellänge und AES mit 128 Bit verschlüsselt. Bei der eingesetzten Verschlüsselungsart ist eine Wiederherstellung der verschlüsselten Dateien ohne den Schlüssel sehr unwahrscheinlich. Zusätzlich zur Verschlüsselung der Daten, werden durch Locky alle von Windows angelegten Schattenkopien über das Windows-Tool vssadmin.exe gelöscht. Mit dem Löschen der Systemkopien verhindert Locky, dass eine Lösegeldzahlung durch einen Systemwiederherstellungspunkt umgangen werden kann. Dass Locky den Verschlüsselungsvorgang erfolgreich abgeschlossen hat, wird dadurch erkannt, dass alle Dateien, welche Locky verschlüsselt hat, einen kryptischen Namen haben und mit der Dateiendung .locky enden[27] Wie die kryptische Namensgebung aussieht, kann der Abbildung 3 entnommen werden.

---

[26] Vgl. Heise Locky (2016).

[27] Ebd.

_Locky_recover_instructions.txt	6/2/2559 0:39	Text Document
8469F0FE8432F4F8B078DBB35397CB46.locky	6/2/2559 0:45	LOCKY File
8469F0FE8432F4F84DCC48462F435454.locky	6/2/2559 0:39	LOCKY File
8469F0FE8432F4F87546E219B058C9E2.locky	6/2/2559 0:45	LOCKY File
8469F0FE8432F4F807100FBA2EE17218.locky	6/2/2559 0:45	LOCKY File
8469F0FE8432F4F824509FBA2155B503.locky	6/2/2559 0:45	LOCKY File
8469F0FE8432F4F8368576B778A8AE19.locky	6/2/2559 0:45	LOCKY File

Abbildung 3: Dateinamen und -endung.[28]

Nach vollständiger Verschlüsselung aller Dateien wird eine Textdatei geöffnet, in der wie in Abbildung 4 dargestellt, beschrieben wird, welche Aktivitäten durchgeführt werden müssen, um die Verschlüsselung der Dateien aufzuheben.

Abbildung 4: Inhalt der Textdatei.[29]

---

[28] Abbildung entnommen aus: Linkmailer (o.J.).

[29] Abbildung entnommen aus: Heise Locky (2016)

3.3 Phishing

Seit Juni 2016 sind neue Spam-Mails im Umlauf, die Paypal-Nutzer im Visier haben. Inhalt dieser Mails ist eine Zahlungsbestätigung an das Spieleportal Steam mit den Absenderadressen service@paypal.de oder zahlung@paypal.de. Die angeblich getätigte Zahlung ist frei erfunden, doch die Aufmachung der Mail wirkt professionell und ähnelt den originalen Paypal-Mails. Eine Darstellung der Spam-Mail kann aus Abbildung 5 entnommen werden.[30]

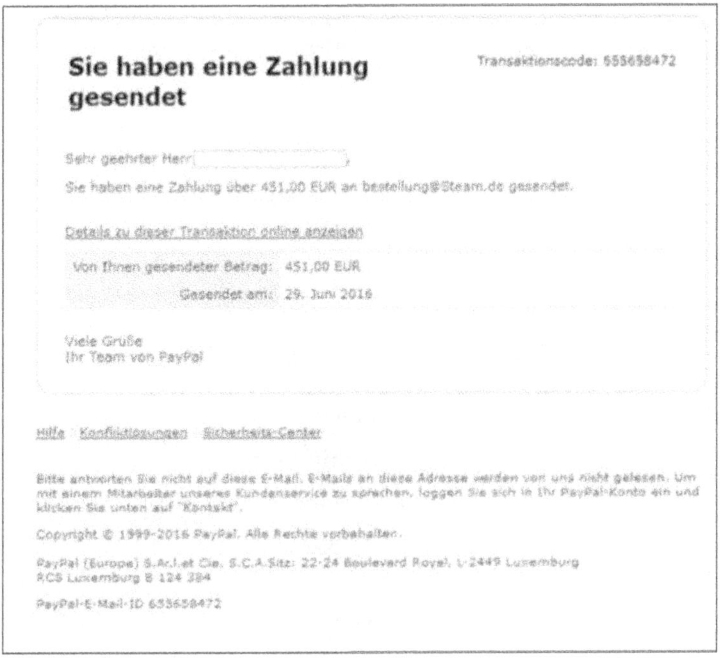
Sie haben eine Zahlung gesendet

Transaktionscode: 555658472

Sehr geehrter Herr ,

Sie haben eine Zahlung über 451,00 EUR an bestellung@Steam.de gesendet.

Details zu dieser Transaktion online anzeigen

Von Ihnen gesendeter Betrag: 451,00 EUR

Gesendet am: 29. Juni 2016

Viele Grüße
Ihr Team von PayPal

Hilfe Konfliktlösungen Sicherheits-Center

Bitte antworten Sie nicht auf diese E-Mail. E-Mails an diese Adresse werden von uns nicht gelesen. Um mit einem Mitarbeiter unseres Kundenservice zu sprechen, loggen Sie sich in Ihr PayPal-Konto ein und klicken Sie unten auf "Kontakt".

Copyright © 1999-2016 PayPal. Alle Rechte vorbehalten.

PayPal (Europe) S.àr.l.et Cie, S.C.A.Sitz: 22-24 Boulevard Royal, L-2449 Luxemburg
RCS Luxemburg B 118 349

PayPal-E-Mail-ID 635658472

Abbildung 5: Spam-Mail Paypal[31]

Bei Steam handelt es sich um einen Online-Shop, auf dem Computerspiele erworben werden können.[32] Ziel dieser Spam-Mail ist es den Mailempfänger dazu zu bewegen die

---

[30] Vgl. PC-Magazin (2016).

[31] Abbildung entnommen aus: Mimikama (2016).

[32] Vgl. PC-Magazin (2016).

fälschlich getätigte Zahlung durch Anklicken der Schaltfläche „Details zu dieser Transaktion" zu stornieren. Nach Anklicken der Schaltfläche öffnet sich, wie in Abbildung 6 dargestellt, eine neue Seite, welche der Paypal-Anmeldeseite nachempfunden ist.[33]

Abbildung 6: Nachempfundener Login Paypal[34]

Nach der Eingabe der Login-Daten gelangt das Opfer der Phishing-Attacke auf eine Folgeseite, in der persönliche Daten sowie die Adresse vom Opfer abfragt werden.[35] Dass es sich bei der beschriebenen Mail um eine Phishing-Mail handelt, konnte an Hand der URL-Adresse erkannt werden. Allerdings zeigte ein Phishing-Fall im Juni, dass die Internetkriminellen ihre Opfer mittlerweile auf die Originalseite von Paypal weiterleiten, während ein Skript die getätigten Eingaben abfängt und an die Internetkriminellen leitet.[36]

---

[33] Vgl. Mimikama (2016).

[34] Abbildung entnommen aus: Mimikama (2016).

[35] Vgl. Mimikama (2016).

[36] Vgl. PC-Magazin (2016).

4 Schutzmaßnahmen

Inhalt dieses Kapitels ist Darstellung von zu ergreifenden Schutzmaßnahmen, um ein System effektiv vor Angriffen aus dem Internet zu schützen. Bei den hier erwähnten Schutzmaßnahmen handelt es sich sowohl um technische Schutzmaßnahmen als auch um allgemeine Verhaltensregeln im Internet.

4.1 Softwareupdates

Ein Infizierungsweg, den Internetkriminelle bei der Verbreitung ihrer Schadsoftware verwenden, ist das bewusste Ausnutzen von technischen Schwachstellen im Betriebssystem bzw. von auf dem System installierten Anwendungsprogrammen. Aufgrund der immer besseren technischen Verbesserungen der Betriebssysteme und den damit unterbundenen Infizierungen der Systeme, verschiebt sich der Fokus der Internetkriminellen zunehmend auf die technischen Schwachstellen von Anwendungsprogrammen, wie z.b. von Textverarbeitungsprogrammen. Daher empfiehlt es sich, immer einen aktuellen Softwarezustandes, der auf dem System installierten Software, sicherzustellen, um den Hackern eine möglichst kleine Angriffsfläche zu bieten und sich somit vor Schadsoftware zu schützen. Viele Anwendungsprogramme bieten eine integrierte Aktualisierungsfunktion, mit der das Anwendungsprogramm automatisch aktualisiert wird, wenn der Softwarehersteller ein Update bereitstellt. Die Aktualisierung der Anwendungsprogramme sollte dabei nicht nur auf den Arbeitsplatzrechner begrenzt werden, sondern auch auf Smartphones, WLAN-Routern und allen mit dem Internet verbunden Geräten ausgeweitet werden.[37]

4.2 Antivirensoftware

Täglich gelangen rund 350.000 neue Varianten von Schadsoftware auf den Markt.[38] Diese hohe Anzahl an neuen Schadsoftwarevarianten und die hohe Geschwindigkeit, mit der die Schadsoftware im Internet verteilt wird, macht es schwer die Internetkriminalität zu bekämpfen. Diesem Kampf stellen sich Hersteller von Antivirensoftware, die mit ihren Antivirenprogrammen verhindern, dass Systeme mit Schadsoftware infiziert werden. Der

---

[37] Vgl. Brodowski, D. u.a. (2011), S. 82.

[38] Vgl. HNA (2015).

Rahmen dieser Seminararbeit erlaubt es nicht eine Übersicht über die auf dem Markt vorhanden Antivirensoftware-Hersteller vorzustellen, daher wird in Kapitel 4.2 der Fokus auf notwendige Funktionen gelegt, die eine Antivirensoftware enthalten muss. Zu diesen Funktionalitäten gehören die Real-time bzw. on access Protection, On-demand Scanning und Behaviour Blocking. Die Funktionalität Real-time Protection wird immer dann automatisch von der Antivirensoftware aktiviert, wenn ein User sich im Internet befindet. Die Real-time Protection wehrt die meisten Angriffe ab, bevor diese das System mit einer Schadsoftware infizieren. Das On-demand Scanning muss von dem User explizit aktiviert werden. Nach der Aktivierung wird ein Virusscanlauf gestartet, der die gewählten Laufwerke auf eine Infizierung mit Schadsoftware überprüft. Funktional unterscheiden sich Real-time Protection und On-demand Scanning nur marginal, allerdings kann es sein, dass ein neuer Virus von der Real-time Protection nicht erkannt und somit das System mit der Schadsoftware infizieren wird. Auch zu einem späteren Zeitpunkt, wenn der Virus für die Antivirensoftware bekannt ist, wird die Schadsoftware nicht entfernt, da der Virus sich bereits auf dem System befindet. In solchen Fällen kann die Schadsoftware nur mit Hilfe eines On-Demand Scanning vom System entfernt werden. Die Funktionalität Behaviour Blocking erkennt Viren und Schadsoftware aufgrund von gewissen Eigenschaften, die diese mit sich bringen. Diese können beispielsweise der Dateiname oder die Signatur einer Schadsoftware sein. Hat die Funktionalität eine solches für eine Schadsoftware verdächtiges Verhalten ausgemacht, wird die Schadsoftware isoliert und erst nach der Bestätigung von dem Benutzer wieder freigegeben[39]

4.3 Sensibilisierung

Der Einsatz von Antivirensoftware, ein Betriebssystem mit aktuellen Sicherheitsupdates und Softwareanwendungen erschweren den Internetkriminellen den Zugang auf die Systeme potentieller Opfer und lassen die Anwender in Sicherheit schwelgen. Doch der Umgang im Internet erfordert zusätzlich zu den genannten Basisschutzmaßnahmen auch noch einen vorsichtigen und verantwortungsbewussten Umgang mit veröffentlichen Inhalten. Das Speichern und Teilen von persönlichen und sensiblen Daten im Internet wird oft unüberlegt durchgeführt und bietet den Internetkriminellen eine Angriffsfläche. Die

---

[39] Vgl. Williams, E. (2015), S. 65.

Folgen dieses unüberlegten Handels können dabei fatal sein. Daher ist es wichtig End-verbraucher zu informieren und sie über Präventionsmaßnahmen zu informieren.[40] So haben sich beispielsweise das Bundeskriminalamt und das Bundesamt für Sicherheit in der Informationstechnik im November 2015 an der - von der britischen National Crime Agency initiierten - Internetkriminalitäts-Präventions-Kampagne Operation Blackfin be-teiligt. Ziel dieser Kampagne war es auf Gefahren im Internet hinzuweisen und mögliche Gegenmaßnahmen aufzuzeigen. Der Fokus der Kampagne in Deutschland wurde unter anderem auf die Aspekte DDoS-Angriffe und Betrug mittels Phishing-E-Mails gelegt.[41]

4.4 Versicherungen

Schäden, welches die Opfer aufgrund von Internetkriminalität erleiden, können seit ein paar Jahren durch den Abschluss einer Internet-Versicherung von Unternehmen und Pri-vatpersonen abgesichert werden. Welche Schäden von den Versicherungsunternehmen abgesichert werden, hängt dabei von dem jeweiligen Versicherer ab. Dieser Punkt lässt sich dadurch erklären, dass es sich bei den Internet-Versicherungen um eine neue Pro-duktsparte handelt. Dieser Umstand erschwert einen Vergleich der Policen.[42] Daher wird im restlichen Teil des Kapitels 4.4 der Fokus auf das Leistungsspektrum der Internet-Versicherung der Sparkassenversicherung gelegt. Die Internet-Versicherung der Sparkas-senversicherung enthält den Schutz vor finanziellen Schäden, welche aufgrund von Identitätsmissbrauch von Online Kundenkonten oder durch Betrug beim Internetbanking auftreten. Zusätzlich dazu enthält die Police Ersatzleistungen für Verluste bei Interneteinkäufen oder -verkäufen sowie eine finanzielle Beteiligung für die Datenrettung nach Hackerangriffen. Versichert sind dabei Schäden, die durch die Angriffsformen Phishing, Pharming und Skimming auftreten.[43]

5 Fazit

Die in Kapitel 1 erwähnten Studien und Zahlen zeigen auf, dass jeder Opfer von Internet-kriminalität werden kann und die damit verbundenen Schäden sowohl technisch als auch

---

[40] Vgl. Heinz-Schmitz (2015).

[41] Vgl. Bundeskriminalamt1 (2015).

[42] Vgl. Aboalarm (2016).

[43] Vgl. Sparkassenversicherung (o.J.)

monetär erhebliche Auswirkungen auf die Opfer haben können. Ein Grund für die hohe Opferanzahl können die verschiedenen Angriffsformen sein, welche die Internetkriminellen bei der Ausführung einer Straftat auswählen können. Bei den wählbaren Angriffsformen ist jedoch nicht nur an die in dieser Arbeit beschriebenen Angriffsformen zu denken sondern auch an weitere Formen, welche Aufgrund des Umfangs dieser Arbeit nicht weiter beschrieben werden konnten. Erschwerend kommt für die Opfer von Internetkriminalität hinzu, dass selbst Systeme von Anwendern, die eine hohe Sorgfalt und Aufmerksamkeit aufweisen und ihre installierten Anwendungen immer auf dem aktuellsten Stand halten sowie eine Antivirensoftware installiert haben, unter Umständen völlig unbemerkt und schuldlos Ziel eines Internetangriffs werden können, wenn die Softwarehersteller nicht schnell genug reagieren und ihre Sicherheitslücken schließen. Die hohe Anzahl an täglich neuen Angriffsformen kann auch dazu führen, dass viele der Angriffsformen von den Antivirenprogrammen zunächst nicht erkannt werden und so ebenfalls die Systeme unbemerkt infizieren werden. Der Schaden der einem Opfer nach Befall droht, kann dabei von technischer und monetärer Natur sein. Allerdings ist auch die Frage zu stellen welche rechtlichen Konsequenzen ein Opfer fürchten muss, wenn sein befallenes System beispielsweise als Waffe genutzt wird und Teil einer Botarmee ist.

Anzumerken ist auch die zunehmende Professionalität und Originalität der Internetkriminellen, insbesondere im Bereich von Phishing. Die hier versendeten Phishing-Nachrichten sind mittlerweile so professionell gestaltet, dass eine Unterscheidung zwischen einer Originalnachricht und einer Phishingnachricht nur noch schwer möglich ist. Selbst versierte User können beim Erhalt solch einer Nachricht nicht einschätzen, ob es sich um eine Originalnachricht oder um eine Phishingnachricht handelt.

Der Schutz vor Internetangriffen gestaltet sich unter solchen Bedingungen als relativ komplex und kann allein durch technische Maßnahmen, aufgrund der genannten Umstände, nicht zu 100% gewährleistet werden. Daher ist es für jeden User wichtig, zusätzlich zum Basisschutz, zu dem der Einsatz einer Antivirensoftware und die regelmäßige Durchführung von Softwareupdates gehören, sich regelmäßig über Sicherheitslücken und drohende Gefahren im Internet zu informieren. Nur durch so ein Userverhalten kann die Bedrohung einer Infizierung minimiert werden. Wenn es dennoch zu einem Befall des Systems kommt oder die Anwender sich prinzipiell als potentielle Opfer sehen, bietet sich der Abschluss einer Internet-Versicherung an. Dadurch kann zumindest der finanzielle Schaden wesentlich verringert werden.

Literaturverzeichnis

Brodowski, D.; Freiling, F. C. (2011): Cyberkriminalität - Computerstrafrecht und die digitale Schattenwirtschaft, in Forschungsforum öffentliche Sicherheit (Hrsg.), Schriftenreihe Sicherheit Nr. 4, Berlin 2011, S. 82.

Geschonneck, A. (2011): Computer Forensik- Computerstraftaten erkennen, ermitteln, aufklären. 5. Auflage. Heidelberg: dpunkt.Verlag.

Rieckmann, J.; Kraus, M. (2015): Tatort Internet: Kriminalität verursacht Bürgern Schäden in Milliardenhöhe, in DIW Berlin – Deutsches Institut für Wirtschaftsforschung e.V. (Hrsg.), DIW Wochenbericht Nr. 12, Berlin, S. 295.

Williams, E (2015): Cybergefahr- Wie wir uns gegen Cyber-Crime und Online-Terror wehren können. Wiesbaden: Springer Verlag.

Verzeichnis der Internetquellen

Aboalarm (2016): Cyber-Versicherung: Wie sinnvoll ist der private Schutz?. URL: https://www.aboalarm.de/blog/internet-und-telefon/cyber-versicherung/, Abruf am 24.07.2016.

Avira (2016): Viren-Glossar. URL http://www.avira.com/de/support-about-malware, Abruf am 09.07.2016.

Avira1 (2016): Was ist Phishing?. URL: https://www.avira.com/de/support-what-is-phishing, Abruf am 03.07.2016.

Bundeskriminalamt (2014): Cybercrime - Bundeslagebild 2014, URL: http://www.bka.de/nn_224082/SharedDocs/Downloads/DE/Publikationen/JahresberichteUndLagebilder/Cybercrime/cybercrimeBundeslagebild2014,templateId=raw,property=publicationFile.pdf/cybercrimeBundeslagebild2014.pdf, Abruf am 03.07.2016.

Bundeskriminalamt (2016): Internetkriminalität / Cybercrime. URL: http://www.bka.de/DE/ThemenABisZ/Deliktsbereiche/InternetKriminalitaet/internetKriminalitaet__node.html?__nnn=true, Abruf am 02.07.2016.

Bundeskriminalamt1 (2015): Cybercrime-Präventions-Kampagne "Operation Blackfin". URL: https://www.bka.de/DE/ThemenABisZ/Internet/OperationBlackfin/op-Blackfin__node.html?__nnn=true, Abruf am 24.07.2016.

Bundesamt für Sicherheit in der Informationstechnik (2015): Die Lage der IT-Sicherheit in Deutschland 2015. URL: https://www.bsi-fuer-buerger.de/SharedDocs/Downloads/DE/BSI/Publikationen/Lageberichte/Lagebericht2015.pdf?__blob=publicationFile&v=4, Abruf am 03.07.2016.

Bundesamt für Sicherheit in der Informationstechnik (2016): Ransomware – Bedrohung, Prävention & Reaktion. URL: https://www.bsi.bund.de/SharedDocs/Downloads/DE/BSI/Cyber-Sicherheit/Themen/Ransomware.pdf;jsessionid=52F84AAFD0C1DECF71D73025D808A3EA.2_cid368?__blob=publicationFile&v=2, Abruf am 03.07.2016

Giga (2016): Pokémon Go: Server gehen nach DDOS-Attacke in die Knie. URL: http://www.giga.de/pok-mon-go-server-gehen-nach-ddos-attacke-in-die-knie/, Abruf am 17.7.2016.

Heinz-Schmitz (2015): Operation Blackfin betrifft auch Unternehmen. URL: http://www.heinz-schmitz.org/index.php/nachrichtenleser/operation-blackfin-betrifft-auch-unternehmen.html, Abruf am 24.07.2016.

Heise Locky (2016): Erpressungs-Trojaner Locky schlägt offenbar koordiniert zu. URL: http://www.heise.de/security/meldung/Erpressungs-Trojaner-Locky-schlaegt-offenbar-koordiniert-zu-3104069.html, Abruf am 17.7.2016.

HNA (2015): Bitkom: Täglich rund 350 000 neue Viren und Trojaner.URL: http://www.hna.de/netzwelt/bitkom-taeglich-rund-350-000-neue-viren-und-trojaner-zr-4859071.html, Abruf am 19.7.2016.

Hothardware (2016): Oh No! Pokémon GO Servers Down From Poodle Corp DDOS Attack. URL: http://hothardware.com/news/oh-no-pokemon-go-servers-down-from-poodle-corp-ddos-attack, Abruf am 17.07.2016.

Kaspersky (2016): Was ist Pharming?. URL: http://www.kaspersky.com/de/internet-security-center/definitions/pharming, Abruf am 03.07.2016.

Linkmailer (o.J.): .locky Datei Virus: Locky Ransomware entfernen und Decrypter. URL: http://linkmailer.de/viren/locky-datei, Abruf am 17.7.2016.

Mimikama (2016): Zahlung an Steam ist eine Fälschung!. URL: http://www.mimikama.at/allgemein/zahlung-an-steam/, Abruf am 24.07.2016.

MW (2013): Viren, Trojaner, Würmer – Malware Begriffe erklärt. URL: https://blog.botfrei.de/2013/02/viren-trojaner-wurmer-malware-begriffe-erklart/, Abruf am 10.7.2016.

Norton (2016): Internet-Betrug: Pharming. URL: http://de.norton.com/cybercrime-pharming/promo, Abruf am 03.07.2016.

Norton1 (2016): Crimeware-Programme: Bots. URL: http://de.norton.com/cybercrime-bots/promo, Abruf am 09.07.2016.

PC-Magazin (2016): Paypal-Phishing: Echte Absenderdaten täuschen Zahlungen in Online-Shops vor. URL: http://www.pc-magazin.de/news/paypal-zahlung-phishing-ludwig-schroeder-steam-spam-warnung-3196447.html, Abruf am 24.07.2016.

Sparkassenversicherung (o.J.): Internetschutz. URL: https://www.sparkassenversicherung.de/content/privatkunden/produkte/internetschutz/, Abruf am 24.07.2016.